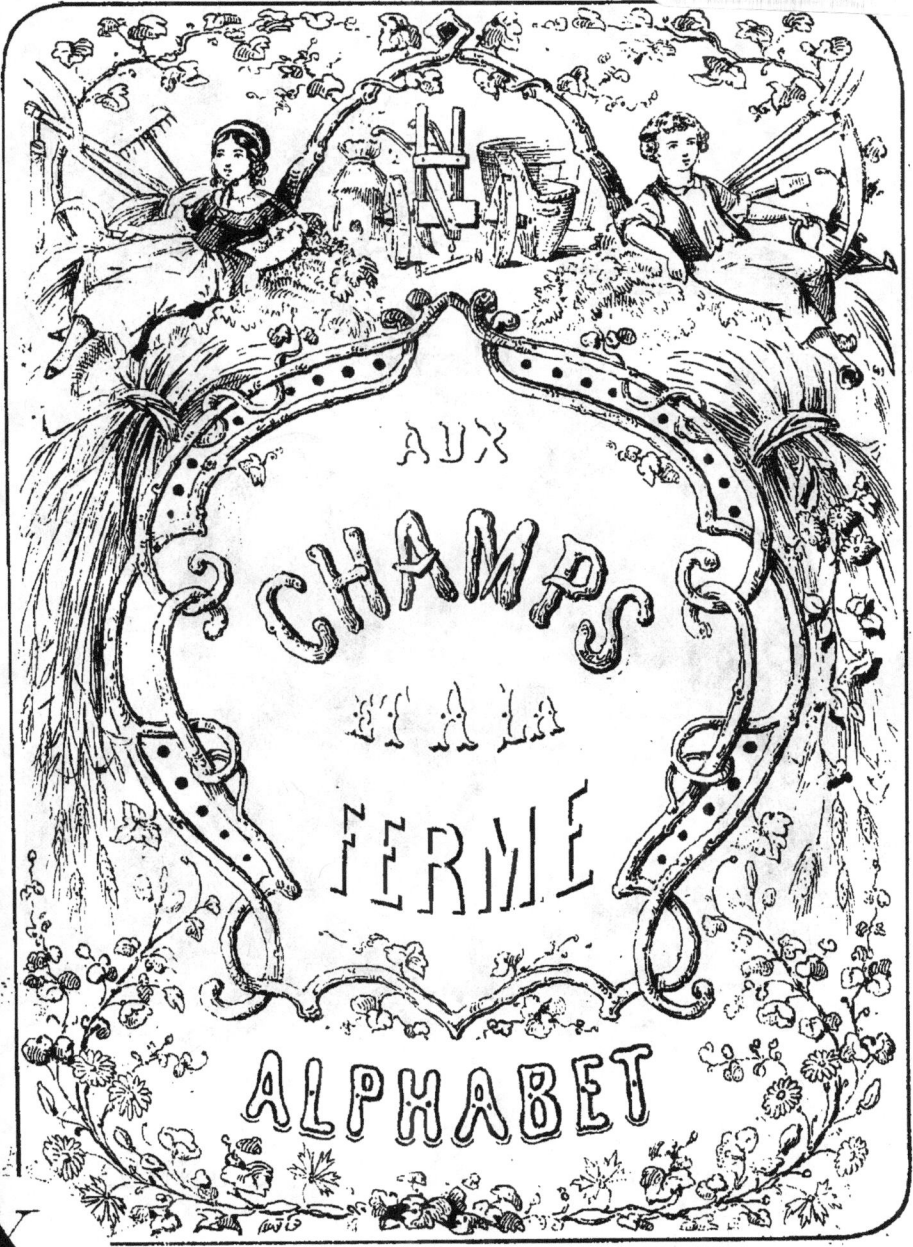

AUX

CHAMPS

ET A LA

FERME

ALPHABET

A B C

ANIMAUX BIEN CONNUS

ALPHABET

AVEC EXERCICES MÉTHODIQUES

SUR

LES PRINCIPALES DIFFICULTÉS DE LA LECTURE

ILLUSTRÉ

DE GRAVURES SUR BOIS ET DE LITHOGRAPHIES

PARIS

AMÉDÉE BÉDELET, LIBRAIRE

RUE DES GRANDS-AUGUSTINS, 20

1858

(918)

MAJUSCULES

A B C

D E F

G H I

J K L

M N O

P Q R

S T U

V X Y Z

MINUSCULES

a b c d e f

g h i j k l

m n o p q r

s t u v x y

z æ œ w

MAJUSCULES ANGLAISES

A   B   C   D

E   F   G   H

I   K   L   M

N   O   P   Q

R   S   T   U

V   X   Y   Z

VOYELLES

a e i o u y

CONSONNES

b c d f g h j k l m
n p q r s t v x z

Trois manières de prononcer E.

e muet.   **é** fermé.   **è** ouvert.

Leçon, parole.   Bonté, Café.   Père, mère.

Accents.

Aigu.   Grave.   Circonflexe sur **a e i o u**
Eté.   Prière.   Âne, fête, gîte, trône, flûte.

1ᵉʳ EXERCICE.

—◇—

ba	be	bi	bo	bu
ca	ce	ci	ço	çu
da	de	di	do	du
fa	fe	fi	fo	fu
ga	ge	gi	go	gu
ha	he	hi	ho	hu
ja	je	ji	jo	ju
la	le	li	lo	lu
ma	me	mi	mo	mu
na	ne	ni	no	nu
pa	pe	pi	po	pu
ra	re	ri	ro	ru
sa	se	si	so	su
ta	te	ti	to	tu
va	ve	vi	vo	vu
xa	xe	xi	xo	xu

D   E   F

DINDONS EN FUREUR

ANE

Animal domestique, quadrupède d'un caractère doux, mais entêté ; il supporte avec patience les mauvais traitements, et se contente, pour sa nourriture, de quelques chardons ou d'autres aliments grossiers.

BOEUF

Cet animal est doué d'une grande force. Il est d'une obéissance passive, sobre, infatigable, nullement capricieux, ne se rebutant jamais. Il nous rend de grands services.

2

—◦◇◦—

SYLLABES

A

Ab-ba, ac-ca, ad-da, af-fa, ag-ga, ah-ha, aj-ja, ak-ka, al-la, am-ma, an-na, ap-pa aq, ar-ra, as-sa, at-ta, av-va, ax-xa, az-za.

Plusieurs syllabes forment un MOT.

Pa-pa. A-na-nas.

Plusieurs mots forment une PHRASE.

Pa-pa a-va-la l'a-na-nas d'A-nas-ta-se.

G H I

GARDIEN HARGNEUX ET INCORRUPTIBLE

CHIEN

Il est de tous les animaux le plus susceptible d'attachement pour son maître : fidèle et courageux, il se fait tuer pour le défendre. Il garde les troupeaux et la maison, il semble fier de la confiance qu'on lui témoigne.

DAIM

Animal du même genre que le cerf. Sa chasse se faisait autrefois avec un grand appareil : les princes et les riches pouvaient seuls suffire à la dépense qu'occasionne ce plaisir.

—◇—

E

Eb-be, ec-ce, ed-dè, ef-fè, eg-ge, eh-hé, ej-jë,
ek-kê, el-le, em-mé, en-nè, ep-pê, eq, er-re,
es-sé, et-tè, ev-vè, ex-xe, ez-ze.

Hé-lè-ne a é-té à la pê-che, el-le a bar-bo-té;
sa mè-re en a é-té ex-cé-dé-e.

Sons identiques de E.

Eu, œu, ent, ai, ei, et, est, er, ez.

Al-bert, al-lez a-vec ma mè-re et ma
sœur : elles ai-dent à pe-ser sei-ze bal-les de
lai-ne.

ÉLÉPHANT

Il est d'un naturel très-doux, malgré sa force. L'Éléphant a beaucoup d'intelligence. Dans l'Inde, il vit dans une sorte de domesticité; les souverains n'ont pas d'autres montures dans les jours de solemnité; il porte à la guerre des tours qui sont remplies de soldats.

FLAMANT

Oiseau ainsi nommé parce que ses plumes sont couleur de flamme. Il habite par troupes les rivages de la mer et se nourrit de coquillages et d'insectes aquatiques.

4me EXERCICE.

—◇—

I

Ib-bi, ic-ci, id-di, if-fi, ig-gi, ih-hi, ij-ji, ik-ki, il-li, im-mi, in-ni, ip-pi, iq, ir-ri, is-si, it-ti, iv-vi, ix-xi, iz-zi.

Y a le son de I.

Y a-t-il i-ci la y-o-le d'Hen-ri?

Y a le son de deux I.

Le vo-y-a-geur a été ef-fra-y-é.

Sons identiques du son IN.

Im, ein, eim, ain, aim.

J'ai bien faim et je n'ai pas de pain! — Viens, pe-tit : ce panier est plein de mas-se-pains de Reims ; tu les ai-mes bien, hein?

J K L

JEUNE CHEVAL DE L'UKRAINE LABOURANT

GRUE

Gauche, disgracieuse, chauve, pourvue d'une voix aigre, la grue est cé-lèbre par ses habitudes voyageuses. Elles se réu-nissent par troupes pour entreprendre les courses lointaines, elles choisissent parmi elles un chef qui les conduit, et des sentinelles qui les avertissent du danger.

HIBOU

Solitaires et tristes, les rapaces nocturnes, chouettes, hiboux, effrayes, etc., ont un cri lamen-table. Ils ne peuvent souffrir la lumière du jour à cause de la construction de leurs yeux, et ne sortent que la nuit. Ils mangent des souris, des grenouilles et des petits oiseaux.

—◇◇◇—

0

Ob-bo, oc-co, od-do, of-fo, og-go, oh-ho,
oj-jo, ok-ko, ol-lo, om-mo, on-no, op-po,
oq, or-ro, os-so, ot-to, ov-vo, ox-xo, oz-zo.

Le jo-li jo-ko d'Oc-ta-ve est mort à No-vo-
go-rod.

Sons identiques de O.

Au, eau, eaux, os.

Paul, res-tez en re-pos ; ne sau-tez pas ; n'al-lez
pas au bord de l'eau. Je vais là-haut fer-mer
les ri-deaux du ber-ceau de vo-tre sœur Laure,
elle dort.

M N O

Imp. Lemercier, Paris.

MOUTONS NAIFS ET OBSTINÉS

IBIS

Il y a des Ibis de diffé.. rentes couleurs. Le blanc, ou Ibis sacré, était révéré des anciens Égyptiens. Le meurtre même involontaire d'un Ibis y était puni de mort. L'histoire de ces peuples est remplie de contes plus ou moins absurdes sur ces oiseaux.

JACANA

Oiseau du genre échassier, c'est-à-dire à pattes élevées, et dégarnies de plumes. Sa forme est gracieuse : il a quelque ressemblance avec le faisan ; il est peu connu.

5

U

Ub-bu, uc-cu, ud-du, uf-fu, ug-gu, uh-hu, uj-ju,
uk-ku, ul-lu, um-mu, un-nu, up-pu, uq, ur-ru,
us-su, ut-tu, uv-vu, ux-xu, uz-zu.

Ur-su-le est u-ne pe-ti-te hur-lu-ber-lu.

7me **EXERCICE.**

VOYELLES DOUBLES OU DIPHTHONGUES

Ai, ia, au, an, ei, ie, eu, ieu, en, ien,
ian, io, oi, ion, oin, ou, oui, ui, iun, un,
uin.

Di-eu est bon : il a soin de pour-voir à tous nos
be-soins ; viens, re-mer-ci-ons-le. — Oui, et so-yons
tou-jours ex-acts à le lou-er aux jours où il l'a
lui-mê-me com-man-dé.

KANGUROO

On l'appelle aussi liè-
vre sauteur, parce qu'il ne
marche qu'en sautant. Ce
singulier animal de la
Nouvelle-Hollande a sous
le ventre une poche où
ses petits courent d'eux-
mêmes se réfugier lorsque quelque danger les menace.

LOUP

Cet animal a la mine
basse, l'aspect sauvage,
la voix effrayante, l'odeur
insupportable. Grossier et
poltron, il n'attaque que
les êtres sans défense ou
plus faibles que lui.

—◇◇◇—

CONSONNES DOUBLES

BL. BR. CL. CR. FR. GR. GL.

Blé, bras, clou, crin, frac, grain, gland,

PL. PR. ST. TR. VR.

Plat, prix, stuc, trou, vrai.

Le pau-vre Fran-cis a pleu-ré et cri-é en vo-yant ses fleurs flé-tries par la gros-se pluie ; il en a plan-té, d'au-tres à l'abri du grand pru-nier.

CH. GR. LL.

Chou, grognon, fille.

Le chat cher-che u-ne sou-ris, mais la gen-ti-ll-e bê-te a ga-gné son trou : el-le y est bien ca-chée. Mi-non foui-ll-e du bout de sa pat-te ; ses yeux bri-ll-ent de fu-reur. N'ap-pro-che pas, Ca-mi-ll-e, il t'é-gra-ti-gne-rait.

MOUTON

Voici le plus paisible et le plus inoffensif des animaux domestiques. Son nom est synonyme de douceur, mais de celle qui ne vient que d'ineptie : abandonné à lui-même, un troupeau mourrait de faim ou serait bientôt détruit par les bêtes carnassières.

NIGREPÈDE

Animal quadrupède, qui détruit les serpents. Un oiseau appelé le secrétaire fait aussi la guerre à ces reptiles dangereux : à coups d'aile il parvient à les tuer.

—◦◇◦—

C prononcé SS avant A, O, U, par l'addition d'une cédille.

Ça, ço, çu, çai, çon.

Ce pe-tit gar-çon - tou-chait sans ces-se mon poin-çon : je m'en a-per-çus et je le for-çai de le lais-ser ; mais il le re-prit et se per-ça la main.

C est dur devant A, O, U.

La cui-si-niè-re fe-ra cui-re du ca-ca-o pour Co-ra-lie, et du cho-co-lat pour Con-stan-ce.

Sons identiques de C dur.

Péki di-sait qu'-un coq é-tait dans le kios-que; j'ai cru en-ten-dre : u-ne co-quet-te est dans le kios-que; ce-la a fait un qui-pro-quo.

P Q R

POUSSINS INGRATS QUITTANT LE NID
POUR LA RIVIÈRE.

QUADRICORNE

Comme la gazelle, svelte et gracieuse de formes, douce et timide, tout à fait inoffensive, ces sortes de quadrupèdes n'ont pour se défendre de leurs nombreux ennemis que leur course, qui est d'une grande rapidité.

RAT

Animal de l'ordre des rongeurs auquel on fait une guerre d'extermination : quelles sortes de piéges n'a-t-on pas inventés pour le prendre ? combien il a d'ennemis depuis le chat, le chien, jusqu'au milan, au hibou, etc.

4

—◇—

G est dur devant A, O, U.

J'ai ga-gné à la lo-te-rie u-ne gar-ni-tu-re de gui-pu-re, un go-be-let d'ar-gent guil-lo-ché et u-ne guir-lan-de de mu-guet.

G, son identique de J par l'addition d'un E devant A, O, U. §

Gea, geo, geu.

J'ai fait u-ne ga-geu-re : si Geof-froy perd, il me don-ne-ra ses jo-lis pi-geons rou-geâ-tres ; s'il ga-gne, il au-ra mon geai avec la ca-ge et la man-geoi-re de cris-tal.

T prononcé SS entre deux voyelles.

L'en-fant sa-ge, qui a a-va-lé sa po-t-ion, au-ra ré-cré-a-t-ion ; le pa-res-seux re-ce-vra u-ne pu-ni-t-ion et n'au-ra pas de prix à la dis-tri-bu-t-ion.

S T U

SAUVE TOI URSULE.

SINGE

Animal de l'ordre des quadrumanes, c'est à-dire à quatre mains. Leurs extrémités pourvues de longs doigts les rendent agiles ; leur queue longue et flexible leur est un cinquième membre. Leur forme est celle qui se rapproche le plus de la forme humaine.

TAUREAU

Genre de bœuf très-dangereux. Il devient parfois furieux, il est alors plus redoutable qu'aucun autre animal ; la couleur rouge excite particulièrement sa colère.

CHIFFRES

—◇—

Arabes.		Romains.
1	Un	I
2	Deux	II
3	Trois	III
4	Quatre	IV
5	Cinq	V
6	Six	VI
7	Sept	VII
8	Huit	VIII
9	Neuf	IX
10	Dix	X
11	Onze	XI
12	Douze	XII
13	Treize	XIII
14	Quatorze	XIV
15	Quinze	XV
16	Seize	XVI
17	Dix-sept	XVII
18	Dix-huit	XVIII
19	Dix-neuf	XIX
20	Vingt	XX

URSON

Espèce de Porc-épic.
Ce dernier, quand il est
attaqué, redresse bruyam-
ment ses pointes aiguës,
ressemblant à des tuyaux
de plumes, et blesse ceux
qui l'approchent.

VAUTOUR

Cet oiseau a l'instinct
de la basse gourmandise
et de la voracité. Il n'attaque guère les êtres vi-
vants que quand il n'a pu
s'assouvir sur les morts.

DIVISION DE L'ANNÉE

L'Année se divise en **4** Saisons :

LE PRINTEMPS. — L'ÉTÉ. — L'AUTOMNE. — L'HIVER.

Et en douze mois :

Janvier. — Février. — Mars. — Avril.

Mai. — Juin. — Juillet.

Août. — Septembre. — Octobre. — Novembre.

Décembre.

Un mois se divise en quatre semaines et quelques jours, et chaque semaine
se compose de sept jours, savoir :

Lundi. — Mardi. — Mercredi. — Jeudi.

Vendredi. — Samedi. — Dimanche.

V X Y Z

VENEZ VOUS EXERCER METTEZ-Y DU ZÈLE.

XOCHITOLT

Oiseau peu connu. Il paraît ressembler à beaucoup d'autres que nous connaissons : le Serin, le Chardonneret, le Linot, etc. ; mais il n'a sans doute pas un aussi joli chant que notre rossignol.

YACKS

Le nom de cette petite gazelle ne doit pas commencer par un Y.

Il y a au Jardin des Plantes des Yacks, ou bœufs à queue de cheval, que les Parisiens appellent vaches chinoises. Ils ont en effet pour gardien un rai Chinois de la Chine.

www.ingramcontent.com/pod-product-compliance
Lightning Source LLC
Chambersburg PA
CBHW060746280326
41934CB00010B/2372